새의 지문

우리시대 현대시조선
142

새의 지문

장은수 시집

고요아침

■ 시인의 말

다가서면 툭, 터질듯

팽팽히 부푼 금낭화가

하늘을 닦아내면 종소리를 물어낼까?

그 생의 중심에 서서

부엽토 한 줌 놓는다

2019년 11월
장은수

■ 차례

시인의 말　　　　　　　　　　　　　　05

제1부 애기똥풀 자전거

벼루　　　　　　　　　　　　　　　　13
3월 녹차 밭　　　　　　　　　　　　14
물안개 세공　　　　　　　　　　　　15
가시연꽃　　　　　　　　　　　　　　16
동백　　　　　　　　　　　　　　　　17
애기똥풀 자전거　　　　　　　　　　18
파꽃　　　　　　　　　　　　　　　　19
별을 쓸다　　　　　　　　　　　　　20
오랑캐꽃　　　　　　　　　　　　　　21
꽃물　　　　　　　　　　　　　　　　22
해 질 무렵, 새는　　　　　　　　　　23
다랑쉬 억새　　　　　　　　　　　　24

제2부 새의 지문

일출	27
새의 지문	28
새, 적멸에 들다	29
굴비, 붉은 놀을 물다	30
파시, 고등어	31
알라딘의 흰 지팡이	32
장경판전	33
마방의 지문	34
비엔나커피	35
사월 칸타타	36
서울 카라반	37
각시붓꽃	38

제3부 대나무꽃 마을

꽃물나비	41
먹먹한	42
대나무꽃 마을	43
비양도 어머니	44
오래된 섬	45
수국	46
육묘育苗	47
홍매화	48
숲, 물들다	49
쇠별꽃	50
한강 슈퍼문Supermoon	51
나무 혹은 새	52

제4부 장미매발톱

제비다방	55
해동解凍	56
윷판	57
장미매발톱	58
태양을 먹는 새	59
벙글다	60
블랙텐트	61
대마도 얼레지	62
반구대암각화	63
거울 오징어	64
서울 머구리	65
말言	66

제5부 바다 수선하기

천둥소리	69
새의 땔잠	70
돌 속의 고래	71
광화문 몽돌	72
교차로 수묵화	73
매생이 국사발	74
법주사 당간	75
초지진 흰발농게	76
바다 수선하기	77
배롱나무 사원	78
아차산 주먹바위	79
숫돌물	80

■ 자전적 시론_차가운 여명 끌고 온 콩새 한 마리   81

1부

애기똥풀 자전거

벼루

밤도와 길을 낸다
검고 맑은 돌의 눈에

켜켜이 쌓여 있던
짙은 묵향 풀어내고

첫새벽
솔새 한 마리
걸개그림 물고 난다

3월 녹차 밭

차가운 여명 빛을 끌고 온 콩새 한 마리
잔설 희끗 녹차 밭에 지문 그리 찍어놓고
부리에 청백색 띠를 감았다 슬몃 푼다

제 몸 누일 둥지 하나 밭이랑에 틀다 말고
가지 끝 물방울을 구슬처럼 꿰는 시간
지상의 겨울 일기를 상형문자로 새긴다

앙가슴 푸릇푸릇 작설 잎을 덮어내듯
여린 발톱 그러안고 어둠을 쪼아댄다
햇살 그 스란치마에 맥박 콩콩 뛰는 봄날

물안개 세공

회리바람 몰아친다, 아차산 거북바위
뭇 발길 다지고 다진 울혈 든 저 등허리
실금 간 틈바구니에 발가락 밀어 넣고

어둑새벽 대장간에 화톳불 활활 지펴
물안개 여물어도 손을 놓지 않으시던
아버지 숨찬 풀무질 바윗돌을 울려온다

벼랑 끝 튕겨나는 야사 한 줄 다시 쓸까
붉은 쇠 달궈내던 한강물도 놀이 들고
온달의 칼 빼는 소리
하늘 번쩍 가른다

가시연꽃

늪도 달뜬 세미정에 명지바람 일렁인다
등 따가운 오월 햇살 잔물결로 다독이며
한 뼘쯤 하늘을 미는 어기찬 저 숨소리

괜찮다, 괜찮다고 입으로만 되뇌던 말
한 번도 푼 적 없는 열다섯 앞섶 열고
초경 빛 젖멍울 같은 봉오리가 부푼다

가시를 세울수록 가슴은 더 뜨거워져
발그레 물든 민낯 톺아보는 눈길 앞에
또 한 겹 고름을 푼다, 꽃등 하나 매달고서

동백

파도를 울리고 간 시 한 수를 요청하듯
오동도 산기슭에 새 한 마리 날아든다
바다가 짙은 해무를
다도해에 풀어놓을 때

안개를 헤쳐 가며 섬 한 바퀴 도는 동안
섬 안에 시는 없고 시인만 넘치는데
절벽 끝 가부좌한 채
미동도 없는 저 사내

긴 겨울 밀어내는 붉은 꽃 피우려고
바다를 면벽하듯 앉아있는 초록 성체
바람 찬 봄의 행간에
시마가 돌고 있다

애기똥풀 자전거

색 바랜 무단폐기물 이름표 목에 걸고
벽돌담 모퉁이서 늙어가는 자전거 하나
끝 모를 노숙의 시간 발 묶인 채 졸고 있다

뒤틀리고 찢긴 등판 빗물이 들이치고
거리 누빈 이력만큼 체인에 감긴 아픔
이따금 바람이 와서 금간 생을 되돌린다

아무도 눈 주지 않는 길 아닌 길 위에서
금이 간 보도블록에 제 살을 밀어 넣을 때
산 번지 골목 어귀를 밝혀주는 애기똥풀

먼지만 쌓여가는 녹슨 어깨 다독이며
은륜의 바퀴살을 날개처럼 활짝 펼 듯
페달을 밟고 선 풀꽃, 직립의 깃을 턴다

파꽃

비 그친 밭둑 머리 한 여인이 서 있다
헤살 놓는 명지바람 치맛자락 흔들어도
상아빛 엷은 미소만 함초롬히 피워 물고

멧새도 여기 와선 긴 부리를 감춘다
제 속을 비워야만 채워지는 작은 씨방
맵싸한 이슬방울이 꽃술에 매달린다

까닭 모를 속울음만 쏟아놓던 저녁놀도
눈앞을 가리고 있던 물안개도 스러진다
해질녘 남루를 벗고 꽃으로 핀
아, 어머니!

별을 쓸다

똬리 튼 골목 어둠 쓸고 또 쓸어낸다
대학로 마로니에공원 비를 든 사내 앞에
취객은 바닥을 치며 토사물만 게워내고

이력서에 서려있는 새벽안개 툭툭 털 때
구인광고 무가지無價紙가 꽃처럼 피어나고
불콰한 아침노을에 거리가 출렁인다

형광 빛 어깨띠에 해를 한 짐 둘러맨 채
청소차에 실어 보내는 풍화된 밤 그림자
가슴엔 제 빛을 잃은 낮별 하나 떠오른다

오랑캐꽃

먹감나무 그늘 아래 오도카니 세운 꽃대
땅에 붙은 잎자루에 산빛 어둠 담아 놓고
가녀린 긴 목을 돌려 고개 떨군 누이야

얼마나 피 맺히면 이름에도 흉이 질까
환향의 기쁨보다 화냥의 아픔만 남아
작은 키 더욱 낮추고 숨어 핀 풀꽃송이

몇 번의 봄을 지나 돌아와 앉은 자리
치마 걷던 바람소리 이제는 잦아들어
첫새벽 동살 비치면 이슬을 머금는다

속울음 길어 올린 자줏빛 싸한 통점
더러는 앉은뱅이 어깨 건 몸짓으로
바람 찬 세상을 향해 연잎 종을 치고 있다

꽃물

뒤뜰에 수런대는
소리를 따라간다
붉은 물 범람하듯
나를 향해 덮쳐올 때
언니는 손가락 쭉 펴고
힘 빼라며 웃는다

꽃물이 출렁대면
내 몸도 출렁이고
거친 파도 등을 타고
고치가 올라와서
손톱 끝 가장자리에
동심원 둥지 튼다

나비 떼 무리 지어
춤사위를 엮다가도
살포시 꽃술에 앉는
먼 하늘 별빛 같은
초롱한 눈망울들이
붉게 타는 저녁답

해 질 무렵, 새는

장돌림 하루해도 자리 걷는 파장 무렵
잰걸음 땅거미가 빛 그물을 툭툭 끊고
낮과 밤 경계 안으로 붉덩물이 밀려온다

스스로 심지 돋워 등불 하나 켜는 날에
어둠의 빛살무늬 내 안에서 출렁일 때
노을 속 버려진 길을 콩알처럼 쪼는 새

허공의 깊이마저 잴 수 없는 숱한 것들
까치발 들고 서면 하늘에 더 다가갈까
지상의 저문 하루가 날갯짓을 하고 있다

다랑쉬 억새

섬에선 어디서나 바람이 검문을 한다
수평선 어깨 너머 띄워 보낸 그날 시름
진달래 붉은 울음이 가을까지 묻어오고,

몸에 익은 사투리를 두고 떠난 그 부둣가
엉겅퀴 벼랑 끝에 아린 가슴 쓸어낼 쯤
마파람 들녘을 쓸며 치맛자락 끌고 간다

한라산 까마귀도 힘에 부친 입을 닫고
버캐 낀 동굴 속의 용암을 핥고 있나
분화구 오둠지 따라 걸어오는 옛 그림자

어딜 가나 백발白髮 들녘 송당골 오름 위로
노을의 파문들이 산담을 물들일 쯤
뿔 잘린 노루 한 마리 억새밭을 달린다

2부

새의 지문

일출

웅크렸던 수평선이
어둠을 탁!
튕겨낸다

해수면을
쩡, 울리는
수천만 개 불화살

물보라
하얗게 일며
백마 떼가 달려온다

새의 지문
― 빗살무늬토기

저문 시간 사려 앉은 암사동 유리벽 속
침묵만 그득 고인 빗살무늬토기 위에
태곳적 숨을 쉬는가
갈맷빛 새 한 마리

조개칼 주름 같은 그늘이 똬리 틀고
사선에 갇혀 버린 목마른 잠 어리에
재우쳐 날지 못한다,
바람의 말 새기면서

체에 거른 앙금마저 주무르고 다독이며
옹글게 빚어 올린 점토의 면벽에서
아직도 형형한 눈빛
오그린 발이 저리다

의문처럼 걸려있는 아득한 지문 하나
천년토록 웅크렸던 화석의 죽지를 털고
한순간 빗장뼈 세워
꿈결인 듯 퍼덕인다

새, 적멸에 들다

절벽을 감싼 안개 나이테를 새겨간다
햇살이 구름 속에 말을 모는 차마고도
인주 빛 붉은 울혈이
꽃망울로 터진다

충혈된 눈 거두어야 좁은 문도 드나들까
저녁놀 옷소매를 마파람이 끌고 갈 때
천년의 긴 잠을 깨고
날개 터는 새의 화석

굽이치는 계곡 너머 꽁지깃 벼린 날은
돌만 자란 가풀막에 검독수리 발톱 같은
또 하루 낙관 찍는다,
첫새벽 문을 연다

굴비, 붉은 놀을 물다

바다가 출렁인다, 호동그란 접시 위에
수런대는 돌섬 사이
조기 떼 회유回遊할 쯤
법성포 쌍끌이 그물 촘촘히 엮어 맨다

물비늘 풀어헤친 갯물 찰랑 차오르면
숨죽인 파도 이랑, 해무를 피워 물고
수평선 경계를 지고
그물질하는 손이 있다

칠산 바다 뱃머리에 밧줄을 감아놓고
바람도 갑판에 앉아
숨 고르는 한껏 한껏
아릿한 소금기 뱉고 빗살 조름* 훑어낸다

바다를 떼어 파는 파시마저 저물 무렵
밀물 썰물 절은 삶의 눈물겨운 어름에도
한 두름 곡우사리가
붉은 놀을 베어 문다

* 물고기의 아가미 안에 있는 빗살 모양의 숨을 쉬는 기관.

파시, 고등어

지느러미 파닥이며 먼동이 트고 있다
비릿한 해미 속에 가라앉는 물그림자
왁자한 파시의 한때, 빛의 속살 보듬는다

푸른 비늘 쓰다듬는 뱃전의 파도소리
살진 저 고등어의 시린 잔등 녹여줄 쯤
귀 여린 빗살무늬가 좌판 위에 출렁이고

얼음꽃 서걱거리는 선홍빛 아가미에
소금기 잦아들 듯 삭아가는 둥근 시간
주름진 새벽 바다가 썰물에 밀려간다

밤을 달린 높하늬가 획을 긋는 수평선
징거맨 상자 밖으로 한 생이 쓸려가도
스러진 입김 사이로 아침놀을 세운다

알라딘의 흰 지팡이

점자블록 따라간다, 눈먼 도시 건널목을
오가는 사람들 속 요철을 더듬다가
환승역 추운 모퉁이
마뜩잖은 눈빛들

햇살조차 비켜 앉아 수런대는 계단 아래
더러는 하얀 지팡이 바람의 살을 깎고
손끝에 귀를 세우듯
소리가 길을 낸다

어둠을 마름질하는 마법의 하늘 저편
미명의 아침빛이 알라딘 눈을 틔워
세상의 어두운 껍질
한 꺼풀씩 벗겨 낸다

장경판전

배흘림 기둥 뒤로 가부좌 튼 저문 시간
빗살문 어깨 너머 다소곳이 자리 펴고
가야산 풍경소리를
경판 읽듯 듣는다

고려의 붉은 놀이 삭정이를 다독이듯
바람의 문맥 같은 적멸로 이어진 길
해묵은 자귀의 흔적
옹이처럼 박혀 운다

돋을새김 천 년 속내 뉘라서 이어갈까
먹줄 곧은 선을 따라 끌로 새긴 뜨건 말씀
연꽃을 받쳐 든 아버지
널결 눈빛 안아 본다

눈 감아도 결이 뵈는 자작나무 햇살 섬모
이따금 발등 시린 서릿발 밀어내고
먼 하늘 귀를 틔우는
장경판전 올올하다

마방의 지문

고요하다, 아득하다
하늘로만 열리는 땅
눈꽃 뭉텅 지는 날엔 뒤꿈치도 멍이 들어
목 붉은 허기를 띠고 수런대는 저 마방

구름이 가까울수록 길은 차츰 지워진다
무릎 꿇고 외는 경전 협곡에 지문을 찍고
사위는 티베트 햇살 주섬주섬 움켜쥔다

쩔렁대는 방울소리 어스름 몰아올 때
신전에 갇힌 울음 여닫는 이승의 문
설산을 헤매는 바람 모닥불로 모여들고

새들도 숨이 겨워 우회하는 차마고도
막아 선 칼벼랑에 빗장뼈 삐걱대고
흙먼지 버거운 길마 노을 한 채 지고 온다

비엔나커피

땅거미 내려온다
그녀의 슬픈 눈에

마른 가슴 휘적시고
잉걸불로 타오르는

창밖의 네온 불빛이
꽃밭인 양 휘황하다

길을 잃고 서성이는
모차르트 음자리표

밤새도록 잠 못 드는
연인들을 뒤로 한 채

오래된 찻잔 속으로
비엔나의 별이 진다

사월 칸타타

과수원 가랑잎이 빙어 떼로 몰려다닌다
겨우내 차진 햇살 한 사내 불러내고
생장점 마디마디에 이른 봄을 접붙인다

사과나무 행간 위로 칼을 든 그 사내가
하릴없이 몸피만 불린 눈사람 깨울 때쯤
물 오른 해토머리에 가빠지는 땅의 숨결

잎 진 자리 떨켜 위로 귀를 연 나의 나목
시나브로 김 오르고 허파꽈리 익어간다
시간의 경계를 넘어 또 한 생이 눈을 뜬다

꽃샘바람 생살 찢는 기억의 단층에서
못다 여윈 가지에 핀 눈꽃송이 털어낼 쯤
어머니 닫힌 궁문 속 물결 소리 들려온다

서울 카라반

골목골목 날아든다, 먼 사막 먼지들이
목 붉은 늙은 낙타 파지 묶어 등에 메고
하루를 채질하는 길
어둠이 휘청거린다

울 너머 고개 들면 눈감아도 뵈는 도시
다 삭은 대문 밀고 미로 같은 길을 연다
더께 진 바람 소리가
빗장뼈에 걸려 울고

서걱대는 모래 입자 속눈썹에 뒤엉키는
신기루 뒤를 밟듯 노숙의 밤을 건너
한 모금 저 물병자리
목마름에 입이 탄다

간단없는 돌개바람 알뿌리 숨죽일 때
오아시스 별을 좇는 도시의 카라반들
가로등 희붐한 새벽
새 날빛을 맞는다

각시붓꽃

십만 대군 적병처럼 몰려드는 는개 속에
여린 목 치켜들고 도시 뒷담 기웃대다
시간의 경계 밖으로 뛰쳐나온 여인 하나

가파른 성벽 아래 흔들리고 부대껴도
두고 온 천칭자리 빈 가지에 매다는 날
바람도 녹슨 돌쩌귀에 용쓰다 돌아설까

아리수 뱃길 앞에 관棺 하나 멈춘 내력
살며시 눈 맞추면 눈물 왈칵 쏟을 것 같은
긴 목의 자줏빛 여인 제 이름을 묻고 있다

3부

대나무꽃 마을

꽃물나비

봉숭아꽃 뽐을 재는 뚝섬 바람의 집
누군가 감쪽같이 그 꽃잎 훑어갔다
허기진 비둘기 떼가
종종대는 오후에

푸성귀 꼬투리처럼 눈꺼풀 치켜뜨고
속손톱 물어뜯던 서른 즈음 처녀였을까
남몰래 강 둔치 여자들
손끝만 훔쳐본다

그 곁에 백발 노파 사뿐사뿐 걸어온다
파랗게 벗갠 하늘로 웃으며 흔드는 손
발 묶인 고치를 벗고
날아가는
나비
떼

먹먹한

새 식구 맞이한다, 대문 활짝 열어놓고
자식에겐 퍼주어도 기분이 좋다는 말
큰아들 장가 보내고 이제야 알 것 같다

아직은 어린 가슴 가녀리게 떠는 손길
몇 번을 망설이다 초인종을 꾹 누른다
현관문 슬며시 열자 황급히 몸 숨기며

처음이라 그랬을까, 궁금한 게 있었을까
이유도 묻지 않고 가만 덮어 두는 오늘
먹먹한 가슴 언저리 가을볕이 따스하다

대나무꽃 마을
— 월하죽림도*에 들다

마을 초입 저 굴착기 입을 쩍 벌리다가
벼린 날 곧추세워 바윗돌을 찍는 소리
그 사각 은유의 시간
경계를 넘는 섬광蟾光

창끝 같은 댓잎 끝에 한순간 파고든다
딱지 붙은 재개발촌 서릿발 들썩여보고
야윈 꿈 무소뿔 같은
죽순을 품어낼까

빛바랜 시전지에 찢긴 속내 깁는 건지
제 몸 뉘인 한 사내가
쏴~ 왈ㅂ 쏴~ 왈ㅂ 목쉰 소리
저 왕죽 마디마디에
이슬 사다리 세운다

* 월하죽림도月下竹林圖 ; 해강 김규진(1868~1933)의 굵은 왕죽을 그린 열 폭 병풍.

비양도 어머니

곧추선 절벽 아래 하얀 포말 솟구치면
시퍼런 파도소리 맺힌 가락 풀려오고
조류에 솟구쳐 오른 섬이 하나 둥싯 뜬다

등 푸른 해무 속을 날아오른 날치 떼들
조간대 허기 물고 들숨 날숨 몰아쉬며
서늘한 적조를 찢어 뭇 별을 띄워놓고

바다도 속을 끓이다 오름 하나 토했을까
암자색 햇살 이운 늙은 폭낭* 가지 끝에
어머니 태왁**을 나온 숨비소리 걸려있다

바위 끝 홰를 치는 마칼바람 달려와서
회색빛 하늘 열고 재갈매기 길을 낼쯤
수평선 텅 빈 바다에 햇살이 출렁인다

* 팽나무의 제주 사투리.
** 해녀가 물질한 해산물을 담기 위해 바다 위에 띄워놓은 바구니.

오래된 섬

월척 한 마리쯤 낚아채 올렸을 거다
거문도 뱃길 따라 몇 리를 그리 가다
섬마다 진경산수화 골골샅샅 펼쳐놓고

주고받은 이야기가 아직도 남았는지
초여름 하늘 높다, 창문을 열어둔 채
아득히 구릿빛 얼굴 얼핏 설핏 떠오른다

갯바위 강태공들 낚싯대 채는 소리야
적막강산 물살 너머 밀물져 타는 날에
난바다 터진 소문에 문득 끊긴 발길들

서녘 하늘 붉게 달군 내 작은 섬 하나에
웅크린 까치놀도 그날 그 화기로 탄다
군함새 울음소리에 잉걸불이 뜨겁다

수국

어둠을 밀어낸다

마음 심心자 그린다

첫새벽 하늘문 열고

다가서는 환한 얼굴

그 모습 눈에 쏙 안기네

파마머리 어머니

육묘育苗

온실 같은 책상에서 떡잎 한 장 키운다

원고지 붉은 칸칸 연둣빛을 입혀갈 쯤

돌배기 옹알이하듯 날개 펴는 저 입말들

햇살이 별을 삼킨 푸른 은유 행간에서

훌쩍 자란 단어 몇몇 초록물이 번져나고

황토 빛 시의 가슴에 꽃봉오리 벌고 있다

홍매화

겨우내 치근대던 누군가의 허튼 수작
눈 붉은 환상통에 겨드랑이 저릿하다
화들짝 봄을 맞는다,
꽃잠 슬몃 깨운다

얼음 속 옹근 햇살 성엣장 출렁거려도
메마른 떨켜 하나 그러안는 잎눈 사이
발그레 뛰는 가슴에
해를 꼬옥 품는다

숲, 물들다

낯선 그 물소리가 숲정이를 에워싼다
북한산 가파른 성벽 축축한 은유 덮고
익숙한 연두 젖가슴 날마다 들썩인다

은밀한 바람이 닦은 이끼 낀 바위 틈새
나선 같은 오솔길을 걸어간 발자국들
먼 숲의 적요를 깨고 하늘이 요동친다

자욱한 골안개가 능선 아래 잦아들고
나뭇잎 갈피마다 바람소리 무두질할 쯤
어긋난 뼈마디 사이 봄빛이 차오른다

쇠별꽃

하늘나라 길 밝히다

지상으로 내려왔나

백장미 피는 기척에

귀 쫑긋 세우다가

슬픈 그 눈망울 든다

꽃이 된 병아리들

한강 슈퍼문Supermoon

겨울의 물안개가 길게 누운 도시 복판
굽이굽이 강을 밀며 언 세상 쓸고 간다
일자 입 굳게 다물고 잠 못 드는 저 사내

어둠을 비집고 와서 그 행간 읽어갈 쯤
밤의 귀를 찢고 가는 서너 줄 해고解雇문자
아리수 그 이름 위로 결빙의 바람 분다

새벽은 다시 올까, 희미해진 불빛 너머
목울대에 걸린 소리 허공을 유영할 때
빌딩 숲 박차 오른 달,
슈퍼문을
펼친다

나무 혹은 새

어둑해진 고샅길에 내려앉은 낮은 하늘
바람은 잔뜩 웅크린 그림자를 잘라내고
층층의 삿갓구름이
온 도시를 짓누른다

가지 잘린 버즘나무 나뭇잎 다 떨구고
제 몸의 회초리로 내리치고 날 세울 쯤
아찔한 삶의 벼랑을
쪼아대는 소리 있다

튕겨져 돌아 나온 회전문 바깥으로
캐럴처럼 다가서는 귀에 익은 노랫소리
드디어 곱고도 고운
흰 눈 소복 쌓이고

철거를 기다리는 산 번지 옥탑방 너머
언덕배기 떠돌던 새, 감연히 솟구쳐 올라
투명한 겨울 속으로
점을 찍고 날아간다

4부

장미매발톱

제비다방

말쑥한 종로 뒤편 제비집이 덩그렇다

층층의 계단마다
낡은 관절 삐걱대고
황토 빛 바람벽 틈새
커피향이 배어있다

탈고 못한 원고인 듯
빛바랜 책갈피인 듯
죽지 꺾인 날개 위로
얼비치는 저 오감도

찻잔 속 홰치는 소리 모락모락 들려온다

해동 解凍

바싹 마른 한탄강이 갈지자로 굽어 있다
고석바위 정수리에 햇살 한 줌 몸을 풀 때
털모자 눌러쓴 사람들 옛길을 찾고 있다

걱정 태산 임꺽정은 어디로 떠났을까
갓 쓴 도적 무리들이 도적이라 불러쌓던
힘없는 꺽지 무리는 물속에 숨었는데

그날 그 고석정에 그림자만 모여들어
바위틈 들쑤시며 어녹이치는 이른 봄볕
된바람 이운 자리에 살 비린내 물큰하다

윷판

잘 깎은 네 짝 말이 하늘로 치솟다가
바닥으로 툭 떨어져 엎어지고 자빠진다
까칠한 사각의 멍석 뒤집기 판 열린다

허공 한끝 내지르는 으라차차 휜소리에
박차고 일어선 말이 둥글게 내달리고
텁텁한 막걸리 잔에 얼비치는 춤사위

꼭짓점에 방점 찍고 앞서거니 뒤서거니
내 몸속 지도 위에 길을 내는 피톨같이
새 아침 새붉은 해를 온몸으로 받는다

장미매발톱

발톱 좀 세웠다고 곁눈질 흡뜨지 마라
흰머리에 노란꽃술 붕대처럼 감싸 안고
곤두선 귀를 달래며 장밋빛 꿈을 캔다

작은 키에 물 한 동이 버겁게 이고 오던
엇갈리는 바람 사이 어머니 뒤태 같은
아찔한 삶의 무게가 겹겹 주름 펼친다

서서히 어둠을 걷는 총천연색 빛의 시간
상처 난 길 하나를 잎맥 속에 새겨두고
하르르 날개를 펴듯 한 여인이 일어선다

태양을 먹는 새

동심원을 그리는가, 역사의 책갈피에
발해만 물길 위에 굵은 획을 그어놓고
이따금 죽지를 펼쳐
품고 싶은 낙랑의 빛

지칠 줄 모르는 듯 두 눈을 부릅뜬 새
태초의 잉걸불을 긴 부리로 물고 와서
만주벌 광활한 대지
별 하나를 띄운다

우주를 횃대 삼아 어둠마저 살라 먹고
제 몸속 용광로에 불씨 활활 지필 그쯤
삼족오三足烏* 새벽을 연다
태양이 홰를 친다

* 고대 신화에 나오는 태양 안에 산다는 세 발 달린 까마귀.

벙글다

곰삭은 두엄 끌고 채마머리 쟁여둔 뒤
등이 휜 호미 날이 밭고랑을 뒤집으면
아버지 주름진 이마 그 냄새가 스며있다

아침마다 거친 손이 내 얼굴 매만질 때
그 체온 양분 되어 우듬지 깃을 찬다
맵고 짠 초록 이파리 비틀대는 초여름에

뼈마디 꽂은 자리 한평생 흙을 읽어도
앙가슴 고인 땀이 바람의 길을 놓고
저 들판 젖을 물리 듯 가을볕이 벙근다

블랙텐트

두어서넛 검버섯 핀 광화문 노천극장
무심한 하루하루 질주하는 길섶에서
한 발짝 물러서 있는 불빛이 희미하다

먹빛 가득 두른 몸에 어둠이 깃을 치고
반짝이는 눈빛으로 관객들 기웃거려도
투명한 금줄 너머로 말을 걸지 않는다

차디찬 돌바닥을 울려오는 경적소리
침묵마저 버거워진 팬터마임 무대 위로
누군가 촛불 하나를 별빛인 양 밝힌다

대마도 얼레지

밟히고 꺾인 자리 덕혜옹주 꽃대 하나
해조음 잠재우듯 스란치마 끌고 와서
헛헛한 손을 흔든다, 눈자위가 붉어진다

꽃살문 그 틈새로 왜바람만 드나들 때
빗장 지른 헛방에서 뼛속 깊이 새긴 앙금
저 맨발 여린 잎자루 씨방을 잉태한다

햇빛도 비켜가는 싸늘한 선돌 아래
반쯤 묻힌 옥비녀를 자오록이 닦아내고
앙다문 작은 입술에 붕대처럼 감기는 놀

청수산* 그 모롱이 한 발 한 발 오르는 길섶
겨우내 결삭은 아픔 일순간 툭 터져서
마침내 돌아온 봄을 두 팔 벌려 맞고 있다

* 일본 대마도 청수산 정상 부근에 대마번주 아들 소다케시와 덕혜옹주의 결혼(1931년 5월 8일)을 기념하기 위하여 기념비를 세웠다.

반구대암각화

태곳적 울음 같은 물소리 거슬러 갈까
바다에 닿지 못한 향고래 한 마리가
짜디 짠 갯내 풍기며 신화로 살아 있다

언제 다시 품어볼까,
동해 그 파란 물결
선사의 파도소리 높새에 실려 올 때
햇살의 긴 꼬리뼈가 물속을 유영한다

구름인 듯 안개인 듯 상형의 문장 하나
암벽 위 촉지도觸地圖를 더듬어 찾는 동안
기우뚱!
벼랑 한 끝이 나선으로 열린다

겨울 오징어

파도소리 품고 있는 동명항 부둣가에
수족관 변죽으로 밀려난 생이 있다
가게 앞 건조대 위에 말라가는 오징어

목이 쉰 동해 바람 발뒤꿈치 들고 가도
퇴출된 물간 시간 울음들이 남았는지
축축한 가슴속에는 볕이 들지 않는다

순번표 뽑아드는 하루벌이 인력시장
시르죽은 지느러미 안간힘 다해 세우는
바람 찬 부두의 겨울, 봄은 아직 멀었는가

서울 머구리
— 폐품 줍는 사내

안개 한 끝 끌고 간다, 인적이 뜸한 밤길
왁자한 먹자골목 투구 쓰고 무장한 뒤
가로등 길모퉁이에
또 하루를 부려놓고

선술집 막사발 속 주름살이 번져가도
척추 마디 삐걱대는 깡통 소리 걸머진 채
굴리는 수레바퀴에
넘실대는 바다 너울

하늘을 그러안고 가진 것 다 내주고
제 흥에 춤을 추는 음표도 지칠 때쯤
언 발로 도시 한복판
탑돌이를 하고 있다

말을

제가 찢은 살점들을
화살은 누군지 알까

길가의 저 개똥은
스스로 똥인지 알까

오늘도 독침이 튄다
너에게로
나에게로

5부

바다 수선하기

천둥소리

여의도 하늘 끝이
우르릉 꽝 요란하다

누구의 청문회인가
한 줄금 소낙비 끝

아무 일
없었다는 듯
실실 웃는 여름 오후

새의 뗄잠

선잠 깬 안압지에 가부좌 튼 안개 뚫고
어리연 꽃대 하나 해돋이를 하고 있다
금비늘 가녀린 떨림 오랜 기억 피워 물고

흙 구렁 갇혀 있던 야사 한 줄 건져낸다
누군가 길을 묻는 갓밝이 그 초입에서
선덕의 텅 빈 가슴에 뗄잠처럼 꽂은 꽃술

시간의 잔뿌리가 연못 속을 더듬어갈 때
꽃대궁 밀어 올리듯 피어나는 사직의 꿈
잊혀진 왕조를 깨워 아스라한 길을 낸다

궐문 밖 멈칫대는 한 시대 협기가 서려
아침놀 베어 물고 날개 펼친 신라의 새
눈부신 금관을 쓰고 하늘 끝을 에돈다

돌 속의 고래

빙벽 속 한 왕조가 물소리로 울고 있다
누군가 날린 골촉 허리춤에 박아두고
구석기 그 먼 나라를
역류하듯 더듬는다

강물에 쏟은 핏물 바다로 흘러간 뒤
시간의 정을 들어 새겨놓은 선사의 아침
동해의 살 비린내가
반구대에 묻어난다

바닥을 가늠 못할 옛 왕조 울음 따라
바람도 숨 가쁘게 속엣말을 쏟는 계곡
대곡천 한 줌 햇살이
겨울 끝을 읽고 간다

광화문 몽돌

차와 사람 들며날며 함성 드센 거리에서
어둑서니 을러대듯 제 몸 깎는 몽돌 하나
까맣게 몸 궁굴리며
돌주먹을 달군다

어둠을 물어뜯던 날카로운 흰 이빨로
지상의 골목골목 들깨우는 빛의 사리
마침내 광장에 내려
돌꽃 사풋 피운다

차갑게 휘몰아친 돌개바람 맞받으며
저마다 돌을 놓고 촛불을 밝혀 들 때
멀고 먼 약속의 봄이
휘파람을 불고 있다

교차로 수묵화

매연 냄새 풀썩여도
아픈 게 아니라고

실직의 텅 빈 시간
풀어놓는 순간에도

타이어 제 살 깎는 소리
신음처럼 듣는다

매생이 국사발

나무 발 촘촘하게 개펄에 박아놓고
겨울바다 밀물썰물 수없이 걸러낸다
철 지난 달빛 햇빛도
잘라내고 엮으며

마당가 터앝처럼 손끝으로 다독여도
벼린 칼 서릿바람 머리채 움켜쥐고
끝 모를 실타래 같은
경전 들춰 읽고 있다

제 몸을 풀어내는 투박한 국사발에
붓방아 찧어대다 수묵담채 받아내듯
뜨거운 어머니 손길
초록바다 펼친다

법주사 당간

식은 해를 다독이며
동안거에 드는 산들

당간 위 연꽃 향기
허공에 흩어지고

처마 끝
풍경소리에
절이 혼자 저문다

초지진 흰발농게

난바다 굽어보다 외로 기운 집게발 들고
초지진 성곽 너머 갯벌 속에 몸을 푼다
누천년 지켜온 결기 칠면초로 피는 해안

거품 문 날 선 파도 감탕물로 밀려든다
갈대밭 어귀에서 모래알 씹어 삼킬 때
갯고랑 점령한 윤슬 가슴께 차오르고

된바람 들면날면 붉게 녹슨 철조망 아래
모들뜬 눈을 세워 잠 못 드는 흰발농게
잊었던 야사野史 한 자락 물수제비로 떠온다

바다 수선하기

눈 밖에 난 백령도를 쉼 없이 할퀸 파도
찢겨진 바다 한쪽 수선집에 맡긴 건가
잠 못 든 수선공 최 씨 등댓불을 밝힌다

둘로 나뉜 세상 앞에 해무를 걷어내고
갇혔던 재갈매기 짠 냄새 추스를 때
난대성 물고기들이 신새벽을 털고 있다

덧대고 박음질하여 길 하나 깁는 시간
등이 휜 수평선에 물의 귀 열고 나와
절벽 끝 먹구름 뚫고 아침놀이 번져온다

배롱나무 사원

도솔산 빗금 긋는 선운사 명부전 앞
바람결 힘줄 돋아 뿌리 끝 자맥질하고
목 붉은 관음觀音 꽃대궁
울먹울먹 맥놀이 뜬다

에움길 세상 바깥 아득한 풍경 너머
꽃등 내건 가지 끝에 옮겨 앉은 저 동박새
제 가슴 툭툭 털어버린
헛헛한 붉은 부리

갈라진 잎맥마다 햇볕에 탄 낙화烙畵 자국
백 여드레 무릎 꿇는 낡은 절 앞뜨락에
맨발로 계단을 밟자
꽃살문 쩍, 열린다

아차산 주먹바위

바위도 눈을 뜬다, 햇빛 저리 눈부신 날
숲속을 빠져나온 머리맡 낮달 한 채
고구려 바보 장수의 칼날처럼 걸려있다

돌팔매도 감싸 안은 아리수 물길 트고
산벚나무 지는 꽃잎 평강공주 눈물 같다
불현듯 말발굽소리 아차산을 휘감는다

말갈기 휘날리며 남쪽으로 당긴 화살
타는 노을 졸본 땅도 손아귀에 녹아들고
무거운 갑옷을 벗자 돌거북이 깨어난다

소슬 산문 한 허리를 돌아드는 산 그림자
선잠 깬 어머니는 별 하나 품고 와서
피 닳은 결기의 지문, 화석처럼 찍고 있다

칼끝으로 새겨가는 검은 눈의 동북공정
사직社稷의 심장부에 사초史草 새로 쓰는 건지
다시 선 아차산성이 돌주먹을 불끈 쥔다

숫돌물

재래시장 들머리에 칼 가는 백발노인
칼날처럼 굽은 등에 햇살이 부서지고
숫돌 위 젖은 눈빛이 바특하게 엉긴다

뼛속 깊이 파고드는 한기를 잘라 내듯
눈두덩에 피어나는 검버섯 도려내듯
녹슬고 무뎌진 시간 퍼런 날을 세운다

숫돌물처럼 흘러버린 시간을 채질하며
툽툽하게 쉰 목으로 "갈아요!" 외쳐 봐도
좀처럼 벼려지지 않는 하루가 성큼 간다

■ 자전적 시론

차가운 여명 끌고 온 콩새 한 마리

1. 살며 사랑하며

 늦깎이의 줄기찬 도전이라고나 할까? 2003년 현대시를 통해 자유시로 데뷔한 뒤 한동안 와신상담, 10년 가까운 세월을 축냈다. 얼기설기 땔나무 위에 눕고 쓰디쓴 쓸개를 맛보는 그런 심정으로 암중모색을 계속한 다음, 2012년 경상일보 신춘문예 시조 부문에 당선했다. 비로소 시조문단 뒷자리에 얼굴을 내밀게 된 것이다.

 2004년 『전봇대가 일어서다』와 2007년 『고추의 계절』, 두 권의 시집을 펴낸 다음 2016년 시조집 『서울 카라반』을 꾸려냈으므로 나는 참 '용감한 늦깎이'라고 생각한다.

 1993~2004년 나는 경북 구미에 있는 가전제품 생산회사에 근무했다. 그때 나와 한솥밥을 먹은 회사 가족이 일천여 명이니, 한갓지게 책상머리에 앉아 글을 쓴다는 일은 엄두도 내지 못 할 노릇이었다. 밤낮을 가리지 않고 일에 빠져 살았기 때문에 주말을 맞이해도 느긋한 여유를 즐길 처지가 못 되었다. 작

품을 구상한다거나, 글 한 줄 받아낸다는 것은 사치가 아닐 수 없었다. 하얀 가운을 입고 가전제품 생산 라인에서 손놀림도 재바르게 부품을 매만지던 소녀들은 벌써 40대 중년이 되었을 것이다. 덩달아 나의 문학도 한 겹씩 연치年齒가 더해가는 것이다.

늦깎이의 줄기찬 도전(?)이라고 전제했듯이 나의 '시조행로'는 끊임없이 액셀레이터를 밟고 또 밟아온 것이다. 그 단적인 예가 2010년 천강문학상 시조 부문 대상(「새의 지문」) 수상이 아닐까 싶다.

고등학교 때 교지 편집 일을 거들던 기억이 지금도 새롭다. 그때 선생님들 중에는 시인 두 분이 계셨다. 장서연, 이창대 선생님이시다. 아마도 나는 알게 모르게 그 선생님들 영향을 많이 받은 것 같다. 그런 연유로 인터넷이 활성화되면서 〈살며 사랑하며〉 글쓰기 카페 활동을 이어오면서, 동인지를 두 권이나 낸 것이다. 밤마다 시곗바늘이 자정을 훨씬 넘도록 자판을 두드리곤 했다.

시란 무엇인가. 아무리 생각해봐도 해답을 찾을 수 없다. 현실이 어렵고 절망적일 때, 시는 더불어 생산되는 게 아닐까? 피 터지는 산업현장에서, 땀 흘리며 오르던 산행에서 나의 시조는 꿈틀꿈틀 태동했고, 세상의 구석진 곳을 바라보면서 나의 문학은 날개를 달기 시작했다. 상처받지 않은 사람이 이 세상 어디에 있으랴만, 고독과 방황 속에서 나를 붙잡아준 것이 바로 문학이라고 말할 수 있다.

요즘 어디를 가거나 핸드폰이 실시간 정보를 퍼 나르는 그런 세상이다. 현대인들은 여기에 적응해야만 살아갈 수 있다.

그럼에도 문학은 여전히 위태롭다. 현대시조 100년이 넘은 지금 시조문학도 많은 변화가 온 것이 사실이다. 시조가 우리 고유의 브랜드 가치를 인정받고 있기 때문에 '시조의 날'도 선포되었다. 시조의 행간에 드러나는 시어詩語를 통해 현대시조가 어디까지 왔는가를 짐작할 수 있다. 고지식한 편견을 깨기 위해서도 변화된 언어로 오늘의 시대정신을 담아내야 하리라고 본다.

시대의 흐름에 따라 사회적 가치관도 바뀌고, 사람의 사고방식도 바뀌기 마련이다. 가는 길이 외롭고 팍팍하다 할지라도 두터운 시간의 적층을 탐구하고 자기 나름대로 근원 지향의 상상력을 형성하면서, '선험적 기억의 재생산'을 통해 가파른 세상과 맞서고 있는 것이다. 그 맞섬의 과정이 결국 '삶'이고 '시詩'가 태어나는 길목이 아니겠는가?

내가 걸어온 길, 얼룩진 상처가 아물지 않은 그 자리에 금이 간 세월이 포개지고…. 그러므로 아름답게 포장된 시가 아닌, 가슴을 치고 사람을 움직이는 그런 시를 쓰고 싶은 것이다. 삶의 심층에서 언어를 길어 올리고 매만져서 반듯한 '정서'와 견고한 '형식'을 결속하여 성취한 돌올한 결실을 맺고 싶은 것이다.

2. 시원始原의 이미지로서의 '새'

차가운 여명 빛을 끌고 온 콩새 한 마리
잔설 희끗 녹차 밭에 지문 그리 찍어 놓고
부리에 청백색 띠를 감았다 슬몃 푼다

제 몸 누일 둥지 하나 밭이랑에 틀다 말고
가지 끝 물방울을 구슬처럼 꿰는 시간
지상의 겨울 일기를 상형문자로 새긴다

앙가슴 푸릇푸릇 작설 잎을 덖어내듯
여린 발톱 그러안고 어둠을 쪼아댄다
햇살 그 스란치마에 맥박 콩콩 뛰는 봄날
― 「3월 녹차 밭」 전문

내 작품 중에는 '새'가 자주 등장한다. 작품의 제목은 내가 존재하고 있는 시공간을 선명하게 보여준다.

유성호 교수는 나의 작품 평설에서 이렇게 언급했다.

이른 봄 "차가운 여명" 즈음 "잔설 쌓인 녹차 밭"에 시인은 서 있다. 거기에 "콩새 한 마리"가 "발바닥 지문"을 열심히 찍으면서 "지상의 겨울일기"를 써간다. "상형문자"로 새겨지는 새의 일기는, 아마도 시인이 상상하는 자연 사물들끼리의 호혜적 소통 과정을 적실하게 은유한 것일 터이다. 나아가 시인은 작설 잎을 우려내듯 새가 어둠을 쪼아대는 장면에서 "햇살의 스란치마에 맥박 콩콩 뛰는 봄날"을 한껏 느낀다. 어쩌면 여기서 새가 발바닥 지문을 찍으며 '상형문자로 "지상의 겨울일기"를 써가는 섬세한 움직임은, '시인'의 시 쓰기 움직임을 고스란히 환유하는 등가물일지도 모른다. 거기서 우리는 "툭, 터진 은밀한 발화發話"(「백목련 언어」)를 들을지도 모르기 때문이다.

3. 상처와 갈등, 그리고 무위 자연

더불어 박수빈 교수는 ≪정형시학≫ 2018년 여름호에서 아래와 같이 지적했다.

 장은수 시조의 원천은 자연이다. 산천초목의 소재 차원에서 나아가 의미론적으로 접근해 보면 억압에 대한 거부, 상호부조, 소박미 등과 같은 자연스러움에 비중을 둔다. 그러다 보니 원형으로서의 자연, 무위, 무한으로서의 자연을 추구하는 특징이 나타난다. 그런데 오늘날 우리가 사는 현실은 자연스럽지 못하다. 물질문명의 발달은 인위적인 질서 속에서 본연적 자태를 잃고 탐욕의 사슬로 구속을 한다. 장은수 시조에서 자아를 상실한 채 살아가는 시적 자아는 안쓰러움을 동반하며 연민의 시선으로 형상화가 되고 있다.

 창끝 같은 댓잎 끝에 한순간 파고든다
 딱지 붙은 재개발촌 서릿발 들썩여보고
 야윈 꿈 무소뿔 같은
 죽순을 품어낼까

 빛바랜 시전지에 찢긴 속내 깁는 건지
 제 몸 뉘인 한 사내가
 쏴~왈ㅂ 쏴~왈ㅂ 목쉰 소리
 저 왕죽 마디마디에
 이슬 사다리 세운다
   ―「대나무꽃 마을 - 월하죽림도에 들다」 부분

 바람이 불 때 댓잎들이 사각거리는 소리를 들어본 적이 있는지. 이 시조는 높은 하늘과 아픈 현실과 푸른 대나무 잎이 조화를 이루어 아찔하게 찔릴 것 같다. 대나무 하나를 골라 손으로 만져 보면 청정한 기운에 마음이 시원해지겠다. 나무 사이로 불어오는 바람이 일상에 지친 심신을 청량하게 해주기 때문일 것이다. 이렇듯 푸른 댓잎을 통과해 쏟아지는 햇살의 기운은 신선할 텐데 이 시를 읽다 보면 건설과 개발의 현장에서 밀려나 외롭고 어둡다. "서릿발 들썩여보고/ 야윈 꿈 무소뿔 같"아서 그렇다. 빼곡히 들어찬 대나무들이 어른 팔뚝만큼 굵고 탐스러워도, 대숲 사이로 새들이 지저귀고 맑은 바람이 불어도, 이 시조의 배경인 '대나무꽃 마을'은 상처와 갈등이 있다.

4. 참신한 시적 발상과 시상의 전개

색 바랜 무단폐기물 이름표 목에 걸고
벽돌담 모퉁이서 늙어가는 자전거 하나
끝 모를 노숙의 시간 발 묶인 채 졸고 있다

뒤틀리고 찢긴 등판 빗물이 들이치고
거리 누빈 이력만큼 체인에 감긴 아픔
이따금 바람이 와서 금간 생을 되돌린다

아무도 눈 주지 않는 길 아닌 길 위에서
금이 간 보도블록에 제 살을 밀어 넣을 때
산 번지 골목 어귀를 밝혀주는 애기똥풀

먼지만 쌓여가는 녹슨 어깨 다독이며
은륜의 바퀴살을 날개처럼 활짝 펼 듯
페달을 밟고 선 풀꽃, 직립의 깃을 턴다
—「애기똥풀 자전거」(경상일보 2012년 1월 1일) 전문

2012년 경상일보 신춘문예 시조부문 심사를 맡은 이근배

선생은 심사평에서 이렇게 언급했다.

"「애기똥풀 자전거」는 자유롭고, 시적 발상이 참신하면서도 시상을 풀어나가는 솜씨가 자재롭다. 수명을 다해 버려진 자전거를 한 생명체로 되살려 놓으면서 '애기똥풀'을 등장시켜 빛나는 비상을 이끌어내는 생각의 힘이 4수의 시조에서 긴장감을 늦추지 않는다. '색 바랜 무단폐기물 이름표 목에 걸고'로 운을 떼고서 '페달을 밟고 선 풀꽃, 직립의 깃을 턴다'의 마무리까지 빈틈이 보이지 않는다. 마지막 종장은 이 시인이 날개 펼 시조의 내일이 되리라 믿는다."

또한 정수자 시인(조선일보, 2017년 4월 28일)은

"줄기 즙이 똑 '애기똥' 같은 애기똥풀 꽃이 핀다. '똥'을 붙여 더 예쁜 이름으로 이 풀꽃 이상이 있을까. 지상의 아기는 다 예쁘니 웃으며 부르게 된다. 그 애기똥풀이 노란 별 모양 신록 길섶을 총총 밝힐 때면 앙증맞기가 이를 데 없다. 그런 '애기똥풀'에 기댄 자전거로 봄의 페달을 돌린다. 그것도 '노숙의' '늙어가는 자전거'로! '이따금 바람이 와서 금 간 생을 되돌'리면 햇살이 따릉따릉 따르겠다. '골목 어귀를 밝혀주는 애기똥풀' 덕에 피우는 새로운 꽃짓이다. 그처럼 아기 울음 꽃도 고샅마다 피기를."

5. 존재의 원형을 통한 존재론적 제의

빙벽 속 한 왕조가 물소리로 울고 있다
누군가 날린 골촉 허리춤에 박아두고
구석기 그 먼 나라를

역류하듯 더듬는다

강물에 쏟은 핏물 바다로 흘러간 뒤
시간의 정을 들어 새겨놓은 선사의 아침
동해의 살 비린내가
반구대에 묻어난다

바닥을 가늠 못할 옛 왕조 울음 따라
바람도 숨 가쁘게 속엣말을 쏟는 계곡
대곡천 한 줌 햇살이
겨울 끝을 읽고 간다
—「돌 속의 고래」 전문

유성호 교수는 ≪문학사상≫ 2017년 6월호 월평에서 이런 지적을 한 바 있다.

"시인은 산을 오르다가 계곡에서 본 빙벽을 통해 반구대암각화에 새겨진 고래 사냥 모습을 떠올린다. 거기서 '빙벽 속 한 왕조가 물소리로 울고' 있는 순간을 상상하는 것이다. 그야말로 '구석기 그 먼 나라를/ 역류하듯 더듬는' 과정이 거기에 펼쳐진다. 눈부신 '선사의 아침'에 반구대에 묻어나는 동해바다의 '살 비린내'가 결국은 '바닥을 가늠 못할' 겨울의 절정에 멈추어 서 있는 순간으로 몸을 바꾼다. 돌 속의 고래가 동해바다의 살 비린내를 동반하면서 겨울의 끝을 치고 올라오는 상상적 순간이 거기에 있는 것이다. 이처럼 장은수 시인은 존재의 원형을 통해 존재론적 제의祭儀를 치러내는 과정을 보여준다. 그 순간은 그 역설적 눈부심으로 하여 단연 빛을 발한다. 그렇게 장은수 시편은 시인 자신은 물론 세계의 원리에 대해 원초적 통일성을 회복하는 것을 과제로 삼는다. 이때 우리는 주체와 세계가 분리되어 있는 경험으로부터 그것의 통합적 국면을 꾀하려는 서정시의 지향을 경험하게 된다. 장은수 시인은, 오랜 기억에 머물러 있으면서, 자신의 행위나 감각에 지속적으로 영향을 주는 원체험을 부단히 변형하면서, 그렇게 자기동일성을 점진적으로 획득해가면서, 그 동일성이 탁월한 미학적 정점으로 이어지는 순간을 구현해간다. 물론 이러한 방향이 우리가 상실한 거대서사(grand narrative)의 대안적 지평이 곧바로 되기는 어렵겠지만, 우리 시대의 불모성과 실용주의적 기율에 대한 유력한 시적 항체抗體는 될 수 있을 것이다."

우리시대 현대시조선 142

새의 지문

초판 1쇄 인쇄일 · 2019년 11월 04일
초판 1쇄 발행일 · 2019년 11월 13일

지은이 | 장은수
기　획 | (사)한국문화예술진흥협회, 한국시조문학관
펴낸이 | 노정자
펴낸곳 | 도서출판 고요아침
편　집 | 김남규, 이광진, 이세훈, 정숙희

출판 등록 2002년 8월 1일 제 1-3094호
03678 서울시 서대문구 증가로 29길 12-27 102호
전화 | 302-3194~5
팩스 | 302-3198
E-mail | goyoachim@hanmail.net
홈페이지 | www.goyoachim.com

ISBN 979-11-90047-85-2(04810)
ISBN 979-11-90047-41-8(세트)

*책 가격은 뒤표지에 표시되어 있습니다.
*지은이와 협의에 의해 인지는 생략합니다.
*잘못된 책은 교환해 드립니다.

ⓒ 장은수, 2019